Patrick ROESCH
Éditeur : Books on Demand GmbH
12, 14 rond point des Champs Elysées
PARIS, France
Impression : Books on Demand, Gmbh
Worderstedt, Allemagne
ISBN : 9782322164974
Dépôt légal : Mars 2019

ILS NOUS PRENNENT LA MAIN : LE PROCES DU NUMERIQUE

ESSAI

Patrick ROESCH

Ils sont partout...

Ils sont partout, ils s'immiscent dans nos vies, que ce soit au travail ou dans la sphère familiale.

Sous couvert de nous rendre la vie plus facile, c'est en fait l'inverse qui se passe et, en nous prenant la main, loin de nous aider, ils nous compliquent l'existence et nous conduisent dans une impasse numérique, pour mieux nous contrôler.

Ce récit est celui d'un professionnel, œuvrant dans le secteur du juridique, ayant constaté, au cours des dernières décennies, une dégradation constante de la condition humaine, à cause de ceux qui, peu à peu et inexorablement prennent le pouvoir par le contrôle de nos vies.

Les conséquences de ce putsch sont dévastatrices en termes de bien-être et nous éloignent un peu plus chaque jour de l'objectif que nous devrions tous avoir : la recherche du bonheur.

J'accuse donc "ils", et j'espère que nous serons de plus en plus nombreux à leur opposer une farouche résistance pour retrouver le chemin de la sérénité en repoussant avec véhémence leurs étreintes soi-disant bienveillantes.

Ils ont débarqué sur notre planète à la fin du XIXe siècle, quand ils se sont mis à traiter l'information en associant les techniques de l'électricité et de la mécanique.

Ils ont donc inventé des systèmes électromécaniques qui, il est vrai, au moins dans un premier temps, ont permis une amélioration de nos conforts de vie en accélérant le traitement des données.

Le premier de cordée, celui par qui tout a débuté, est apparu sur la planète en 1860 : Hermann Hollerith.

Fils d'intellectuels allemands, réfugiés aux États-Unis, il se fera très vite remarquer par ses capacités supérieures.

Un diplôme d'ingénieur de l'école des Mines de l'Université de Colombia en poche, il devient l'assistant de son professeur spécialiste des statistiques.

À l'époque, le recensement des populations et le traitement des données se font à l'aide de fiches remplies par des employés et les résultats ne peuvent être connus qu'une décennie après.

Hermann Hollerith, conscient du problème, décide donc de réfléchir à une méthode plus performante et moins contraignante.

Parallèlement, Hermann Hollerith, qui n'en est pas moins homme, courtise la fille de l'un de ses collègues de bureau, Shaw Billings, qui est directeur des statistiques de santé.

Shaw Billings est lui-même confronté aux difficultés de traitement des informations.

Dans le cadre de leurs discussions portant sur le traitement des fiches statistiques, ils arrivent à la conclusion qu'un traitement mécanique serait plus efficace.

Ils se mettent donc à penser à une machine et à réfléchir, d'une part à la forme que pourrait prendre le traitement de l'information et, d'autre part, au support matériel susceptible de passer dans une machine.

Les deux hommes pensent que le système des machines à tisser Jacquard utilisant des cartons perforés, pourrait être adapté.

Ce système est également celui qui équipe les pianos mécaniques ou un trou court donne une note courte et inversement un trou long, une note allongée.

Hermann Hollerith, devenu professeur, va donc estimer qu'une information devrait également pouvoir se traiter par un trou.

Il reste ensuite à inventer une machine permettant de détecter et ainsi de comptabiliser les différentes informations.

Pour alimenter la machine, il dépose dans un premier temps un brevet pour un ruban perforé mais qui se révèle vite trop fragile.

S'inspirant ensuite des billets de train en carton perforés par les contrôleurs poinçonneurs, il imagine une carte perforée support de l'information pour chaque personne recensée.

Il adapte ensuite sa carte au format des billets de banque de l'époque et crée une perforatrice spécifique à ces cartes.

La machine de comptabilisation, d'extraction et de classement des cartes est ainsi brevetée le 8 juin 1887.

Les prochains recensements de populations ne prendront plus que quelques mois.

Hermann Hollerith fonde ensuite la compagnie TABULING MACHINE qui donnera naissance, à partir de 1924, à la multinationale IBM.

Désormais institutions et entreprises ne peuvent plus se passer de la mécanisation du traitement des données.

Il était un temps...

Je suis avocat et je dois avouer que les conditions d'exercice de mon métier ont profondément évolué ces vingt dernières années.

Avoir le verbe haut pour servir volontiers d'écho à ses pensées n'est pas la seule arme dont dispose l'avocat pour défendre une cause.

Il doit également avoir une belle plume et ses compétences en rédaction sont aussi un atout majeur.

En effet, l'avocat ne fait pas que plaider, il rédige également.

Les correspondances, les mises en demeure, les requêtes, les contrats et les conclusions, constituent autant d'écrits qui sont indispensables à l'exercice de son métier.

Il fut un temps où la plume glissait sur le papier sans que quelque reproduction ne soit possible. Il fut ensuite une époque où le crayon a remplacé la plume.

Le papier carbone s'est ensuite glissé sous la feuille permettant ainsi de retranscrire, sous la feuille placée en-dessous, ce qui était écrit sur celle placée au-dessus.

La machine mécanographique permettant d'écrire avec des caractères imprimés a également fait son apparition et a été utilisée à la fin du XIXe siècle jusqu'à son remplacement au XXe siècle par des machines à mémoire électronique, préfigurant le déclin et le remplacement de la machine mécanique par l'ordinateur.

Où tout était mieux...

Jusque-là tout va bien !

Le traitement de texte autorise en un clic les reprises et, comme par magie, les fautes d'orthographe disparaissent.

La mémoire des ordinateurs permet d'utiliser des modèles d'actes pour des dossiers similaires et les transmissions sont facilitées.

Les gains en termes de productivité sont considérables, mais ne fallait-il pas s'arrêter là ?

Ne fallait-il pas non plus se contenter de la bombe A, plutôt que de continuer et de créer la bombe H dont les performances, si tant est que l'on puisse parler de performances, sont sans commune mesure ?

Ces deux bombes sont des bombes nucléaires, mais celles-ci reposent sur des principes physiques différents entraînant une puissance inimaginable.

La puissance de la bombe A est déjà incroyable, mais celle de la bombe H dépasse la raison, sans compter les désastres écologiques qu'elles ont entraînés en libérant leurs composés radioactifs.

La bombe A repose sur le principe physique de la fission nucléaire d'éléments tels que l'uranium ou le plutonium.

L'explosion de cette bombe dégage une énergie colossale qui peut se comparer à celle produite par l'explosion de dizaines de kilotonnes de TNT ; mais elle n'a encore rien de comparable avec la bombe H.

En effet, cette bombe encore connue sous le nom de bombe à hydrogène ou thermonucléaire constitue l'étape supérieure dans la course à la force de destruction.

En matière informatique ou numérique, l'étape supérieure qu'il n'aurait sans doute pas fallu franchir est malheureusement d'actualité.

La puissance de la bombe H atteint plusieurs milliers de fois celle de la bombe A, soit l'équivalent de quelques dizaines de mégatonnes de TNT.

À l'inverse de la bombe A utilisée notamment sur Hiroshima, la bombe H n'a encore jamais été utilisée en temps de guerre alors que nous utilisons allégrement les outils informatiques ou ceux du numérique sans crier gare en termes d'impacts sur la santé.

Dans la pratique, le mécanisme de la bombe H est le suivant : chaque noyau d'uranium se divise en deux noyaux plus légers en libérant des neutrons qui vont alors percuter les atomes voisins qui vont eux-mêmes se diviser entraînant une réaction en chaîne.

Cette réaction en chaîne est aujourd'hui tristement d'actualité dans le secteur du numérique avec les conséquences néfastes sur nos vies que nous pouvons tous constater et qui, aujourd'hui, sont plus graves que les avantages que nous en avions tiré un certain temps.

Nous ne sommes plus Maîtres

Je suis avocat mais je ne suis plus Maître !

J'ai domestiqué les lois, les procédures toujours de plus en plus complexes et même internet mais je suis devenu incapable de domestiquer certains logiciels.

Le plus grave c'est que je n'ai pas le choix ou, plus exactement, que l'on m'impose au fil des réformes une façon de travailler que je ne cautionne absolument pas.

Quand l'homme a inventé la roue, il est allé plus loin, plus vite.

Quand il a domestiqué le cheval, il a encore amélioré ses déplacements mais il est resté maître de sa monture.

Avec l'avènement de l'automobile ou de l'avion, il est encore resté maître de ses machines, mais avec la naissance et l'essor du numérique, il tombe dans une technologie qu'il ne comprend plus et qu'il ne domine plus.

Au-delà de cette incompréhension, désormais les choses se compliquent entraînant une dégradation constante des conditions de travail.

Remontons le temps

Dans les années quatre-vingt, un lundi comme les autres, il est neuf heures et le facteur sonne à la porte du cabinet. Des liens se sont créés entre nous depuis que, chaque matin, il est le porteur de bonnes ou de mauvaises nouvelles.

« Bonjour, comment vas-tu aujourd'hui, belle journée, n'est-ce pas ! »
« T'as vu le résultat du match de L'ASM, si ça continue descente assurée ! »

Bref, du lien social sans réseaux sociaux.

Je me consacre ensuite au traitement du courrier. Je sors les dossiers correspondants, procède au classement des correspondances reçues et y apporte immédiatement réponse dans le cadre d'un traitement par dictée non encore numérique mais à l'aide d'un bon vieux magnétophone à cassettes.

Mes travaux sont ensuite remis à l'une des secrétaires qui, quant à elle, reproduit à l'aide de sa machine à écrire les textes enregistrés.

Je consacre ainsi une heure tout au plus au traitement de mon courrier et, le soir, toutes mes réponses repartent par la poste, à condition de respecter l'heure de la dernière levée du courrier, à savoir, dix-sept heures.

Après ce traitement, l'esprit libre, je me consacre à celui des affaires qui m'ont été confiées : rédaction d'actes, de plaintes...

L'après-midi est en général réservé aux différentes plaidoiries devant diverses juridictions avant le retour au cabinet vers dix-sept heures pour la réception des clients.

J'ai en face de moi des hommes et des femmes, des liens parfois très forts au fil des rencontres se créent, et derrière chaque dossier, j'ai un visage.

Des démarches sont régulièrement effectuées au Palais de Justice. Je frappe à la porte d'un magistrat du siège ou du parquet ou bien encore d'une greffière.

Je fais enrôler (enregistrer) de visu mes actes : assignations, plaintes, conclusions...

Là encore du lien social, de la complicité, des sourires, parfois même des pleurs, mais en tout cas de l'humanité.

Et aujourd'hui...

Aujourd'hui, trente ans plus tard, je ne vois plus mon ami le facteur, la boîte postale l'a remplacé.

De toute façon, il s'ennuierait sans doute en me donnant un paquet de courrier réduit comme peau de chagrin. Mon dictaphone est numérique, ce qui me joue des tours en cas de perte de données.

Mais surtout, je suis bombardé, et c'est peu dire, de centaines de courriels plus ou moins urgents m'imposant d'en prendre connaissance régulièrement pour ne rien rater et traiter ceux nécessitant une réaction immédiate.

Le traitement de ces courriers devenus mails me prend plus de quatre heures là où, pour le même résultat, il ne me fallait, il y a trente ans, à peine une heure.

Que dire également de l'absurdité de certains qui ne font preuve d'aucune mesure dans l'utilisation des outils numériques ?

Exemple : « bonjour Maître, j'espère que je ne vous dérange pas. Pouvez-vous me dire quand je peux vous appeler sans vous déranger. »

Réponse : « Vous me dérangez puisqu'il faut vous répondre pour vous dire que vous ne me dérangez jamais alors appelez-moi quand vous voulez, mais il aurait été plus simple de le faire sans me poser cette question, nous aurions tous deux gagné du temps ! »

En outre, je reçois toujours plus de sollicitations de clients sur lesquels je ne mets aucun visage ayant simplement connaissance de leur plume numérique.

Les juges et les greffiers, je ne les connais même plus car toutes les transmissions sont désormais numériques, la fameuse dématérialisation des actes via le RPVA (Réseau Privé Virtuel des Avocats).

Cela signifie que l'avocat qui n'a pas l'outil qu'on lui impose de fait pour travailler ne peut plus exercer son métier.

Elle est moche notre justice numérique !

Avant ce fameux réseau privé virtuel, toutes les transmissions d'actes se faisaient par la voie dite du Palais.

Je me rendais donc régulièrement au Palais et conservais ensuite le support papier de la preuve de mes diligences.

Aujourd'hui, outre le nécessaire abonnement au réseau, non gratuit au passage, il a fallu s'équiper en matériel dernier cri adapté.

Mais surtout le réseau est trop souvent affecté de "bugs" pour être efficace.

Quant aux greffes qui correspondent avec nos cabinets également par le truchement de ce réseau, je constate trop souvent des problèmes du genre convocation à une audience déjà passée ou bien encore des messages totalement incohérents avec les prestations pourtant accomplies.

Il y a encore à peine cinq ans, quand cette transmission numérique n'existait pas, chaque semaine, j'avais la chance d'être convoqué à des audiences dites de mise en état pour précisément faire le point avec mes confrères, les juges et les greffiers, sur l'état d'avancement des affaires et pouvoir prendre des décisions concertées adaptées.

Certes, nous étions ainsi tous mobilisés durant une matinée mais, dans le cadre des discussions, nous comprenions parfaitement les arbitrages des juges.

Fallait-il sacrifier la qualité de la justice rendue sur l'autel de la productivité ?

Là encore, et alors que la justice est un service public tout est mis en œuvre pour la rendre moins attractive, moins humaine et plus mécanique.

Notre Président, et ceci est somme toute dans la logique de la création d'un secrétariat d'État au numérique, n'a-t-il pas annoncé une justice numérique ?

Le temps n'est plus très loin où tout justiciable devra sans doute interroger des algorithmes pour connaître les chances de succès d'un procès.

Pourtant le droit, parce qu'il recouvre des enjeux éthiques, ne peut être réduit à une agence d'informations, et le procès, comme aboutissement d'une action en justice, ne doit pas disparaître.

La justice, quant à elle, constitue le pilier incontournable d'une démocratie digne de ce nom.

Le numérique va commettre un crime, ce crime prémédité est un assassinat mais qui jugera l'assassin ? Le créateur à la foi juge et partie !

La dématérialisation croissante des procédures sera également source d'injustices entre ceux maîtrisant l'outil et ceux encore nombreux ne sachant absolument pas le manipuler. Qu'adviendrait-il ainsi du service public de la justice ?

La justice doit pourtant être accessible à tous, au-delà de toutes considérations d'ordre économiques ou culturelles.

Cette vision numérique de la justice éloignera un grand nombre d'hommes et de femmes des tribunaux.

La France, patrie des droits de l'Homme, ne doit pas se laisser faire et ne peut pas accepter de démunir ses citoyens de la possibilité d'exercer leurs droits en justice à cause de ceux qui nous ont pris la main pour nous diriger, nous contrôler et nous assassiner.

Il faut cliquer pour exister

À l'évidence, il faut malheureusement cliquer pour exister. Que ce soit d'un point de vue professionnel ou personnel, sans clic nous n'existons plus.

Sans clic, nous sommes mis au ban de la société car celle-ci nous impose un monde dans lequel tout est fait pour que l'outil numérique devienne indispensable au quotidien, que ce soit dans les rapports avec les administrations ou simplement dans nos relations sociales.

Qui sont ces gourous d'un nouveau monde qui n'ont rien à envier à ceux dirigeant des sectes ?

Qui sont ces hommes qui ont réussi à réunir autant de disciples ?

Qui sont ces maîtres à penser qui sont parvenus à convaincre la grande majorité d'entre nous que, pour exister, il faut cliquer !

Ce sont précisément ceux qui nous prennent la main : les informaticiens.

Cette profession regroupe tous les corps de métier dont le rôle est de concevoir, coordonner, et mettre en œuvre le développement, ou le déploiement, d'une solution informatisée pour ensuite la mettre à disposition des utilisateurs.

Le problème est que ces utilisateurs tombent trop souvent sous l'emprise des opérateurs. Le procédé est identique à celui qui conduit aux addictions.

Les personnes deviennent ainsi dépendantes d'une activité qu'elles considèrent génératrice de plaisir et dont elles ne peuvent plus se passer en dépit de leur propre volonté.

Je me promène dans un endroit paradisiaque, c'est magique ! Immédiatement, je prends mon smartphone car je veux immortaliser ce moment, photographier le paradis mais je n'en profite pas.

Avant, je tendais l'oreille, j'observais en prenant le temps de m'émerveiller. Aujourd'hui j'ai besoin de photographier et, finalement, d'emprisonner le beau.

Cette tortue sur la plage qui rejoint de façon innée le bleu de l'océan pour échapper à ses prédateurs, je ne la sauve plus mais attends et espère l'arrivée de l'oiseau pour la voir se faire dévorer et prendre ainsi un cliché plus spectaculaire.

Je suis devenu voyeur, je ne vis plus dans la nature mais je la capture pour la vendre au monde entier.

Ce qui m'anime, c'est le potentiel que je pourrais tirer de ma capture et je ne me soucie plus de cette petite tortue car ce qui m'importe désormais c'est de savoir combien de "like" je pourrais tirer de cette tragédie.

De retour de voyage j'ai revu Philippe, un ami de longue date, perdu de vue. Il m'a invité à dîner pour fêter nos retrouvailles, en présence d'autres connaissances.

Philippe attend une dizaine de convives et déjà, à mon arrivée, cinq sont présents. Il m'invite à m'asseoir au salon pendant qu'il poursuit en cuisine ses préparatifs.

Je pensais, qu'en attendant, les présentations seraient faites, et que déjà nous pourrions tenir bavette et commencer à refaire le monde : mais non !

Ils ont tous passé la soirée les yeux rivés sur leurs téléphones portables !

Je suis habile à maîtriser mes émotions mais, ce jour-là, mon visage m'a trahi laissant transparaître les traits de la colère et ceux de la tristesse.

Je me consolais en pensant que chaque minute écoulée me rapprochait de la délivrance du silence et qu'au moins l'un d'entre eux poserait son téléphone pour qu'enfin nos regards se croisent.

J'ai attendu un mot, une phrase, une histoire pour donner le change, mais en vain.

J'ai donc ravalé mes espoirs et je me suis moi-même muré dans un silence de plomb jusqu'au moment où l'on a sonné à la porte.

Le silence brisé par ce son numérique s'est vite réinstallé, et plongé dans mes pensées que je ne pouvais partager, je me suis interrogé sur moi-même, à défaut d'autrui.

Que Dieu me garde de faire la même chose ! Et qu'il me préserve de ces hyper-sollicitations. Jamais je ne vendrai mon âme au net.

Pourtant, peu à peu, doucement mais sûrement, je me surprends moi-même à avoir ce type de comportement déconnecté du réel à cause d'une connexion virtuelle.

Sans pudeur, je me mets à nu sur Facebook ; je m'invente même une vie pour plaire au plus grand nombre.

Ce que l'on pense de moi devient la première de mes préoccupations et je ne pense plus aux autres.

Je poursuis chaque jour le seul et unique objectif de ma vie numérique : exister aux yeux des autres.

Mon réseau social est devenu l'ombre de mon "moi" et dévoile parfois mon côté sombre. Par qui suis-je dirigé, si ce n'est mon ego !

Je veux toujours et encore plus exister aux yeux des autres et j'en fais souvent trop à force d'être partout.

Au final, et à vouloir le monde à mes pieds, je ne sais plus tendre la main. À force de vouloir exister, je deviens invisible et inaudible.

À cause du virtuel, mon être n'est plus et ne fait que paraître et il m'arrive aussi de ne plus assumer mes propos, pour certains honteux, que je cache sous un pseudo.

Je n'ai plus aucune pudeur et mon Instagram dévoile tout de moi.

La maréchaussée n'a qu'à se servir, elle a tout sur moi, ce que je "like" et ce que je pense.

Mon employeur connaît aussi tout de moi : mon passé, mon présent, mon futur et il fait plus confiance à Google qu'à Pôle Emploi pour connaître ma personnalité au travers de mes photos.

Je suis un super-héros, l'homme invisible ou supersonique en pénétrant discrètement dans l'intimité de mes pseudo-amis, ou en me téléportant au bout du monde de mon canapé.

Je connais, moi aussi, tout des autres : leurs goûts, ce qu'ils pensent, ce qu'ils sont, avec qui ils couchent, s'ils sont beaux, laids, bêtes, intelligents, méchants ou gentils...

Les secrets, naguère bien gardés par mon journal intime, n'ont aujourd'hui plus de secret pour personne, en tout cas pas pour mes centaines d'amis.

Je crois être heureux car j'ai de la chance d'avoir autant d'amis et je pense donc être quelqu'un de bien et de populaire puisque mes parents m'ont toujours dit que les amis se comptaient sur les doigts d'une main.

Je suis heureux, en couple avec mon téléphone. Je ne le quitterai jamais, uni pour le meilleur et pour le pire, Dieu que je t'aime mon amour !

Que suis-je sans toi ? Tu es le prolongement de moi-même, mon double et ma mémoire.

Sans toi, ma vie n'aurait aucun sens, toi à qui je tiens comme à la prunelle de mes yeux, toi que je vénère et pour lequel je suis prêt à tous les sacrifices.

À mes côtés, tu es infatigable et je t'en fais pourtant voir de toutes les couleurs. Je te fais tomber par terre ou je te noie dans la cuvette des WC. Je te laisse sans protection des heures au soleil, ou dans le froid.

Quand tu es fatigué et que tu ne réponds plus à mes étreintes, tu acceptes pour te requinquer une bonne dose d'électricité et tu recharges ta batterie pour mieux me consommer.

Car oui, au final, tu me consommes, tu m'épuises et si tu penses que je suis heureux, tu te mets le doigt dans l'œil car moi je connais le monde d'avant, contrairement à beaucoup de tes adeptes.

Le monde où les hommes se rencontraient dans la vraie vie, où ils se liaient de vraies amitiés et où ils n'invitaient personne d'autre dans leur lit que l'amour, le vrai, le pur sans artifice, celui de leur vie.

Je vais donc te demander de quitter mon lit et de cesser de me voler mon intimité, pour qu'enfin je puisse me reposer, en paix avec moi-même.

Dans la vie professionnelle, le numérique est vecteur du pire des fléaux : le harcèlement

Les prestataires de services dans le secteur informatique sont nombreux à frapper à la porte des entreprises pour leur vendre les meilleures solutions numériques du moment.

Ils n'auront d'ailleurs de cesse de revenir régulièrement pour signaler que le produit a encore évolué et qu'après à peine un an, il faut déjà le remplacer.

Ils ont des solutions à tous vos problèmes d'organisations, de productivité, de gestion du personnel ou de tenue de comptabilité.

Votre concurrent s'est lui-même informatisé, il a un nouveau logiciel, on vous dit qu'il faut suivre ou être mangé et vous n'avez donc pas d'autre choix que de vous y plier, ou plutôt c'est ce que l'on veut vous faire croire. La peur s'installe en vous et dans le doute vous succombez au charme de l'informaticien ou de l'informaticienne, selon le cas, qui une nouvelle fois vous prend la main.

Après quelques milliers d'euros déboursés, des droits de logiciel, et un abonnement pour la maintenance, sans vous en rendre compte, le porte-monnaie vide, la belle ou le beau vient de prendre le pouvoir dans votre boîte.

Vous êtes même dépossédé de votre pouvoir managérial puisque des formations nécessaires et onéreuses sont dispensées à vos salariés à qui l'on explique comment utiliser l'outil, c'est-à-dire à qui on dit comment travailler.

Quand vous êtes réticent, voire circonspect sur l'utilité de l'outil qui peut vous faire peur, on vous rassure d'une voix bienveillante : « n'ayez pas peur ; l'outil en soi est formidable, vous verrez, les dérives ne proviennent que d'une mauvaise utilisation. »

Vous avez donc franchi le pas et bientôt, sans crier gare, vous vous apercevrez que les inconvénients pour votre boîte sont plus nombreux que les avantages constatés.

En effet, abordons ici les impacts négatifs du numérique au travail.

Le numérique est un vecteur performant voir un catalyseur et un amplificateur de certains fléaux pourrissant la vie, et c'est peu dire, des collaborateurs de l'entreprise.

L'outil ne fait preuve en lui-même d'aucune empathie, il n'encourage pas et ne console pas. On peut dire qu'il est froid, d'une froideur telle qu'il nous fige dans la glace à l'eau sans saveur. Il ne fait strictement preuve d'aucune intelligence émotionnelle.

L'intelligence émotionnelle est pourtant de très loin la plus importante dans la vie de l'homme pour que son parcours ici-bas soit le moins tumultueux possible.

Cette intelligence réfère à la capacité de reconnaître, de comprendre, et de maîtriser ses propres émotions et à composer avec les émotions des autres personnes. La vie ne nous donne que très peu de rendez-vous avec soi-même.

Notre monde est un monde d'accélération et l'informatique, comme l'est le turbo à l'automobile, nous fait sortir des limites de vitesse autorisées par notre organisme.

Notre cerveau est un muscle et comme tous les muscles, il a besoin de repos ou sinon il risque le court-circuit.

L'émotion, c'est la vie et quand un outil par définition n'en fait pas preuve, il est totalement déraisonnable de lui confier la conduite de nos vies, professionnelles ou privées.

Nos émotions sont nos alliées, elles sont nos gardes du corps. Sans elles, dans le monde d'aujourd'hui, nous ne survivrions pas plus de dix minutes.

À titre d'exemple, l'homme n'ayant pas d'émotions pourrait sortir nu dans la rue, traverser sans regarder et se jeter à l'eau sans savoir nager. C'est la peur qui nous préserve de ces errements.

L'enfant naturel de la peur est la prudence et grâce à la peur, patronne de nos émotions, l'homme peut survivre.

Notre intellect va donc se structurer dès le début de notre vie grâce aux émotions qui nous permettront, au demeurant, de ne rien oublier des meilleurs moments nous ayant procuré précisément d'intenses émotions.

Au-delà de la peur, il y a également la joie, la tristesse, le désir ou le pardon et la liste et encore longue...

Ce sont, en tout cas, toutes ces émotions qui nous aident au quotidien à prendre des décisions et on appelle cela la théorie des marqueurs somatiques.

Ainsi, si à l'âge de trois ans, vous avez eu la chance de rencontrer votre grand-mère et que ses confitures à la myrtille vous embaument les narines, trente ans plus tard, avec votre amie au restaurant, vous préférerez en dessert choisir la tarte à la myrtille plutôt que celle à la rhubarbe.

Votre champ d'hésitation sera réduit grâce à votre marqueur somatique qui vous fait prendre la bonne décision.

Ce marqueur joue donc un rôle important dans la prise de nos décisions et, sans marqueurs, la porte est ouverte à l'indécision ou pire, aux mauvaises décisions.

Nos émotions tiennent donc une place importante dans nos vies mais il est également important de les maîtriser.

Il faut notamment savoir vider sa tête pour évacuer celles, négatives, qui nous accaparent l'esprit. Sans cette mise à la poubelle c'est, en langage familier, le pétage de plombs qui vous guette.

Il faut donc nettoyer régulièrement son disque dur et, si possible, ne pas conserver plus d'une quinzaine de jours les marqueurs négatifs dans sa tête car, à défaut, ils intègrent la mémoire longue et froide et il faut alors trois fois plus d'énergie pour s'en débarrasser.

Des personnes en surcharge cognitive peuvent même, si elles ne réussissent pas à se vider le bocal, tomber en burn-out. Il faut donc ralentir et faire refroidir la machine.

Notre machine interne, le centre névralgique de nos émotions, fonctionne donc de façon radicalement différente par rapport à l'outil informatique qui nous fait au contraire accélérer sans cesse en ignorant les registres émotionnels.

L'informatique, vecteur de courriels, nuit à l'harmonie du couple, au bien-être des enfants et aux bonnes relations au travail.

Quand nous recevons un mail ou un SMS, nous nous sentons dans l'obligation d'y apporter une réponse quasi immédiatement et cet empressement nous conduit trop souvent à des réponses inadéquates alors qu'un peu de temps laisse retomber la pression et permet ainsi à la pensée, pesée et réfléchie, d'être souvent plus nuancée.

C'est en dormant que nous arrêtons de faire des erreurs mais le numérique nous empêche même de dormir.

Il fait au contraire tout pour nous tenir éveillés en étant avec son écran fan de la fameuse lumière bleue dont les médecins pensent le plus grand bien...

La lumière bleue est un facteur de risque majeur dans le développement précoce de la cataracte et la chirurgie est la seule solution pour y remédier.

Cette lumière est aussi connue sous le nom de lumière visible de haute énergie (HEV) et il s'agit de la plus forte lumière énergétique atteignant la rétine.

Elle a également été reconnue comme un facteur de développement de la dégénérescence maculaire liée à l'âge (DMLA).

D'autre part, cette fameuse lumière bleue crée de l'insomnie car elle possède une influence sur le taux de mélatonine qui est une hormone sensible à cette lumière et dont la quantité augmente en soirée pour indiquer au corps qu'il va bientôt entrer en sommeil.

Quand on sait que nous passons, en moyenne, six heures par jour, sans compter la nuit, sur nos écrans, l'on comprend pourquoi nous sommes de plus en plus nombreux à souffrir d'insomnie.

L'informatique nous gêne donc, c'est indéniable, et quand nous sommes mal, il n'y a plus de plaisir.

L'intelligence émotionnelle va nous permettre de retrouver le plaisir en étant en harmonie avec l'autre alors que l'outil informatique, au contraire, nous coupe de toute communication avec nos semblables ou, plus exactement, crée une communication artificielle, virtuelle, détachée de nos émotions.

Nous croyons communiquer mais nous ne faisons qu'exister.

Nous pensons être en empathie avec l'autre, mais nous ne faisons qu'entretenir notre ego.

Nous n'existons plus pour nous-mêmes mais au travers d'autrui et sans que nous nous en apercevions, l'outil ronge peu à peu les quelques brides d'empathie qu'il nous reste encore mais pour combien de temps ?

L'outil devient alors une difficulté et pas seulement un problème et c'est là encore un obstacle au développement de notre intelligence émotionnelle.

Vivre en couple, c'est un problème, ce ne doit pas devenir une difficulté.

Le problème peut toujours être résolu, l'enfant à l'école en résout d'ailleurs régulièrement, mais la difficulté est en nous et doit être évacuée précisément grâce au mécanisme de gestion des émotions.

Ce mécanisme tout humain le possède en soi mais aucun ordinateur ! La machine peut résoudre le problème mais pas la difficulté et celle-ci, pour qu'elle ne devienne pas source de malheur, doit être résolue dans les quinze jours qui suivent son apparition.

Ce n'est pas l'outil qui résoudra vos difficultés, ne lui confiez donc pas vos malheurs, vos peines et, au contraire, faites confiance à vos amis, au dialogue et aux vrais échanges de visu autour d'un verre ou d'une bonne table pour vous aider à les régler et traiter, le cas échéant, celles des autres.

Faites preuve d'empathie et n'oubliez jamais que l'outil n'en est pas doté de sorte qu'il ne vous sera d'aucune utilité et ne fera qu'aggraver vos soucis si vous vous confiez à lui.

Alors pourquoi lui confier le sort de nos boîtes ? Avec l'informatique, on veut tout à la fois alors que la clef de l'intelligence émotionnelle c'est un miracle à la fois.

Le « je veux tout à la fois » produit du stress et sacrifie la qualité au profit de la productivité. Il engendre des maladies principalement cardiaques et cérébrales.

Il créait un environnement hostile, écrasant, pesant, propice au développement du fléau qu'est le harcèlement moral.

Ce mal a certes toujours existé dans les relations au travail, mais l'outil a permis une amplification du phénomène.

Lequel d'entre nous n'a jamais reçu de mails en dehors de son temps de travail ?

Lequel d'entre nous ne s'est pas senti obligé d'y répondre immédiatement en interrompant un repas de famille ?

Lequel d'entre nous n'a jamais reçu de son supérieur des courriels menaçants, de recadrages, avec utilisation d'une ponctuation révélatrice de l'état d'esprit du rédacteur du style « il est inadmissible de ne pas avoir atteint les objectifs alors le mois prochain, attention sinon... » ?

L'outil nous rend donc corvéables à merci mais nous coupe aussi de la relation humaine par excellence : l'entretien.

L'outil en soi sans empathie aucune, rend nos supérieurs, par contagion, antipathiques.

L'empathie est un mot tirant ses racines du grec ancien signifiant « à l'intérieur, ce que l'on éprouve ».

Cette notion définit le mécanisme par lequel un individu peut comprendre les sentiments et les émotions d'un autre. L'empathie regroupe à la fois une aptitude psychologique et les mécanismes qui permettent la compréhension des ressentis d'autrui.

Il faut distinguer l'empathie émotionnelle de l'empathie cognitive.

L'empathie émotionnelle désigne la capacité à comprendre les états affectifs de ses interlocuteurs. L'empathie cognitive est la capacité à comprendre les états mentaux non-émotionnels de l'autre.

La capacité à comprendre les états affectifs d'autrui est un atout majeur pour celui qui la maîtrise.

L'empathie ne doit pas être confondue avec la sympathie qui consiste à comprendre les affections d'une autre personne avec précisément une dimension affective supplémentaire.

On peut dire que l'empathie correspond à la capacité de se représenter l'état mental de son interlocuteur, alors que la sympathie va permettre à son auteur de donner un jugement de valeur sur autrui.

Elle permet de mettre en place un mécanisme de résonance censori-somatique entre autrui et soi, et ce mécanisme permet de partager ses émotions dont les principales sont la peur, la joie, la souffrance et la tristesse...

L'empathie permet de comprendre l'autre, de se mettre à sa place. Elle génère forcément de l'affectivité. Au contraire, garder ses distances conduit forcément à ne pas comprendre l'autre.

Avec l'outil nous gardons nos distances, nous nous cachons même derrière lui pour ne pas assumer certains propos.

L'outil est également un véritable défouloir et nous nous autorisons, sous couvert d'anonymat, des diffamations ou des atteintes à l'honneur et à la considération des personnes.

C'est un véritable exutoire des côtés les plus sombres de notre personnalité. L'outil ne connaît pas la notion de « chaleur humaine ». Il n'est, en effet, pas ouvert à l'autre.

Je me plais ainsi à comparer l'outil à un psychopathe car c'est une personne qui précisément ne sait absolument pas faire preuve elle aussi de quelque empathie que ce soit.

Ainsi quand l'outil est entre les mains d'un manipulateur leur complicité devient redoutable et on ne compte plus ceux qui sont malheureusement victimes de personnes mal intentionnées et dont la sphère d'influence est décuplée avec l'outil.

Certains supérieurs vont ainsi pouvoir plus facilement casser, rabaisser, ou bien encore humilier leurs collaborateurs quand ils ne s'adonneront pas à ce qu'ils préfèrent par-dessus tout : menacer.

Pour eux, l'outil va devenir une arme de destruction massive dont la portée franchit, au-delà des portes de l'entreprise, celles de nos habitations.

Ici commence le harcèlement ainsi défini : « aucun salarié ne doit subir les agissements répétés de harcèlement moral qui ont pour objet ou pour effet une dégradation des conditions de travail susceptible de porter atteinte à ses droits et à sa dignité, d'altérer sa santé physique ou mentale ou de compromettre son avenir professionnel »

Je ne suis pas un détracteur du progrès mais un lanceur d'alerte et pouvons-nous encore parler de progrès quand de nombreux experts en psychisme humain sont eux-mêmes inquiets ?

Leurs craintes portent principalement sur l'hyper-sollicitation permanente et ses conséquences, la dégradation des relations entre les personnes et la perte de l'intime. Je rajouterai volontiers également le flicage permanent et le contrôle de nos vies.

Les dangers de l'hypersollicitation : burn-out et cyberharcèlement

Nous consultons chaque jour de plus en plus de mails et également des sites, uniquement par automatisme, et nous sommes bombardés de messages texte, appels en absence, rappels de réunions...

Notre relation quotidienne au numérique à cause de ces notifications multiples n'est pas loin de nous rendre fous.

Ces fameuses notifications nous ramènent vers nos écrans par des stimuli sonores ou visuels auxquels nous sommes tous réceptifs.

Les psychiatres, dans leurs consultations, observent des vies saturées, des cerveaux bombardés d'informations et des patients qui peinent à trouver le chemin de l'équilibre et donc du bonheur. Nos écrans sont devenus le reflet de nos névroses autour du triptyque « vitesse, performance, hédonisme ».

Les pionniers de ces technologies étaient conscients des risques et Steeve Jobs lui-même, fondateur d'Apple, a toujours refusé que ses enfants utilisent ses produits (iPad, iPhone) pour les préserver de tout envahissement.

D'autres encore, limitent l'utilisation de ces technologies par leurs proches à trente minutes par jour ou seulement pendant le week-end.

En effet, et paradoxalement, avec ces outils les personnes trop connectées sont en réalité déconnectées du monde qui les entoure.

Elles se retrouvent souvent isolées, coupées du monde et prisonnières d'un univers certes attractif, mais trop envahissant et qui ne favorise au demeurant absolument pas la réflexion.

Il faut donc absolument éviter que ces outils prennent l'ascendant dans nos activités professionnelles ou de loisirs.

L'homme doit dominer l'outil et pas l'inverse sinon il tombe en esclavage. Il n'est d'ailleurs plus très loin d'y sombrer en se laissant dominer par les nouvelles technologies.

Combien de nos adolescents rendent des devoirs en faisant des "copiés-collés", plutôt que de rédiger eux-mêmes et ainsi de se livrer à une vraie réflexion ? Qui parmi nous au travail n'a pas eu lui aussi recours au copié-collé ?

Nous avons ainsi l'impression de maîtriser les sujets car il suffit de quelques clics pour avoir des informations sur toutes sortes de choses.

Il s'agit cependant là d'une illusion bien trompeuse car la réelle maîtrise des connaissances passe par l'assimilation. Pour apprendre, il faut de l'attention, de la patience, et de la concentration.

Malheureusement, le numérique nous détourne de ses qualités et, loin de les développer, ne fait au contraire que les diminuer.

Nous ne savons plus aujourd'hui et nos enfants encore moins, nous concentrer ; nous sommes dans l'hyper-sollicitation permanente, le savoir facilement acquis et la jouissance immédiate.

Une nouvelle fois à cause de l'outil, notre attention se dilue et se délite inéluctablement.

La représentation digitale du monde n'est pas suffisante pour permettre à tout un chacun d'en avoir une conscience réelle.

Seules les qualités d'écoute et de concentration, inhérentes à l'homme et non à la machine, pourront sauver l'humanité de plus en plus distraite par l'outil.

Des études récentes démontrent que les notifications ont un impact sur notre concentration et donc nos capacités de réflexion, en un mot, notre intelligence.

Une alerte mail ou d'application est aussi distrayante qu'un appel téléphonique. Or, quand notre attention est interrompue, il faut vingt-trois minutes pour être capable de retrouver un niveau correct de concentration et donc, à nouveau, de travailler efficacement. Au-delà de ce problème majeur, l'hyper- sollicitation nuit à la qualité du traitement de l'information.

À force de cliquer, de zapper dans un flux permanent d'informations ou de sollicitations, les nouvelles générations accordent en moyenne huit secondes à chaque nouvelle information pour juger de sa pertinence contre douze secondes dans les années deux mille, alors qu'à titre de comparaison, un poisson peut rester concentré neuf secondes !

Notre cerveau n'est absolument pas fait pour fonctionner avec autant de sollicitations car il lui est impossible de dépasser ses ressources en traitant plus qu'un certain nombre d'informations à la fois.

Quand les capacités de traitement de notre disque dur sont dépassées, l'information ne peut plus être traitée et quand il faut, par exemple, échapper à une situation de danger, le risque est évident.

Notre bien-être peut également être affecté par une sur-sollicitation des capacités cognitives de notre cerveau et revenons ici sur celui qui en est la révélation : le burn-out.

Je me souviens d'un jeune client venu me consulter avec sa mère alors qu'il était en grande souffrance.

C'était un gamin très consciencieux, n'ayant jamais posé de problèmes majeurs à ses parents. Il a toujours été choyé et éduqué dans le respect de certaines valeurs telles que l'entraide, la réussite, l'hédonisme, l'intégrité, la générosité, la courtoisie...

Ses parents, en admiration devant la réussite de l'un de ses oncles, chef étoilé, devaient le moment de l'orientation venu, lui suggérer de rentrer en apprentissage et, qui sait, de pouvoir ainsi peut-être se glisser dans les pas de son oncle.

La cuisine et le métier de cuisinier ont, en effet, le vent en poupe et l'on ne compte plus les articles ou les émissions qui leur sont consacrés.

Les chefs qui réussissent sont de véritables stars et de nombreux parents se battent pour essayer de faire entrer leur progéniture dans les cuisines d'un restaurant étoilé. Après différentes prospections, le jeune homme va donc réussir à obtenir un contrat d'apprentissage chez un chef ayant eu les honneurs de la presse et de la télévision.

C'est un jeune motivé, consciencieux, et qui ne veut surtout pas décevoir ceux qui lui font confiance, ses parents ou son employeur.

Il est fier et heureux, même si les premiers mois sont durs, en raison d'horaires de travail importants et des réflexions trop souvent injustes.

Au fil des mois, le jeune apprenti ne compte plus ses heures et les messages inappropriés ou négatifs de sa hiérarchie deviennent plus nombreux que ceux positifs. Pourtant il n'a rien à se reprocher.

Il arrive le premier, repart le dernier et ne rechigne jamais quand un collègue lui demande de l'aide. C'est très dur, il a besoin d'être soutenu et ses parents n'ont de cesse que de l'encourager.

Quand il leur envoie par SMS un message inquiétant : « papa, maman, j'en peu plus aujourd'hui j'ai travaillé douze heures, et même pas un remerciement », ses parents lui répondent : « ça va le faire, tiens bon ! On est avec toi et fier de ta conscience professionnelle. »

Le jeune homme résiste donc, il tient le coup car il ne veut surtout pas décevoir ses parents. Il réussit même à décrocher un CDI, c'est dire qu'il donne satisfaction.

Devenu autonome, il prend un appartement et quitte le nid.

Il bosse dur et il reçoit souvent des sollicitations par SMS de son employeur pour lui demander s'il peut venir travailler pour remplacer un salarié absent. Il ne sait pas dire non car ses parents ne le lui ont pas appris.

Les parents, sont en admiration devant leur fils, ils ont réussi son éducation. Jamais ils n'auraient pu se douter de ce que la vie allait leur réserver. Tout semblait beau, le gamin et sa réussite, en passe de suivre l'exemple de son oncle.

Personne ne pouvait se douter que leur fils avait rangé dans un coin de sa tête tous les messages négatifs dont il avait été destinataire.

Les difficultés qu'il avait rencontrées et qu'il n'avait pas réussies à évacuer avant la barre fatidique des deux semaines étaient devenues des problèmes et sa tête allait exploser.

Lui qui n'avait jamais fait preuve de quelques dérives que ce soit auparavant, a désormais des conduites à risques (cannabis, alcool...). Quand il est alcoolisé, il peut être violent avec les autres et même diriger cette violence sur lui.

Il en veut maintenant à la terre entière, son patron, sa petite amie, ses parents et ceux qu'il qualifie "d'étrangers".

Personne ne réussit à le raisonner, pas même les autorités de police judiciaires amenées à intervenir dans le cadre de troubles à l'ordre public.

Les parents, désemparés, réveillés quasiment chaque nuit par des appels à l'aide, n'avaient plus qu'une solution, après avoir tout essayé : l'hospitalisation d'office.

Le petit cuisinier est maintenant cuisiné par les psychiatres, les psychologues ou autres soignants. Il sera conservé par nécessité et contre son gré, au garde-manger des écorchés de la vie.

Le diagnostic tombe : syndrome d'épuisement professionnel, plus communément appelé burn-out.

Aujourd'hui, après une longue période d'arrêt de travail, un licenciement pour inaptitude et une reconnaissance de la qualité de travailleur handicapé, ce jeune va de mieux en mieux.

Il veut se reconvertir et il peut aujourd'hui compter sur sa famille, notamment sa mère, qui a pu de son côté, évacuer un fort sentiment de culpabilité.

Elle souhaitait qu'il devienne un gagnant, qu'il réussisse et involontairement, inconsciemment, elle l'a poussé dans ses derniers retranchements sans s'apercevoir de quoi que ce soit et sans avoir réussi, par conséquent, à lui extraire de la tête ce qu'il avait conservé dans ses tiroirs.

Aujourd'hui, la leçon de vie, c'est son fils qui la lui donne : pour être heureux, il faut savoir lâcher prise pour éviter l'épuisement.

Ce fameux burn-out, de plus en plus de personnes en sont victimes et la progression est spectaculaire chez la population des cadres, précisément à cause des outils numériques les empêchant de déconnecter.

L'esprit et le corps ne doivent jamais être en sur-régime, mais les outils nous font toujours accélérer et la mécanique chauffe.

Des milliers de gens souffrent de ce syndrome d'épuisement et ils ne sont pas anormaux ou faibles. Le burn-out peut provenir de plusieurs causes et la première d'entre elles est un déséquilibre au travail.

De nombreuses personnes, notamment les plus impliquées, s'identifient à leur travail.

Ce faisant et en cas d'échec, leur sentiment de culpabilité sera tel, qu'elles vont sombrer dans un état proche de la dépression.

Un brusque changement d'attitude au travail, ou bien encore une irritabilité, sont des signes qu'il faut prendre au sérieux.

Les personnes atteintes deviennent obstinées, agressives ou au contraire, se renferment sur elles-mêmes.

Elles n'ont plus de forces mentales pour s'investir dans leurs tâches et elles le supportent d'autant plus mal que, pendant des mois, elles étaient engagées sans limites dans leur travail.
Les emplois du secteur des services, comme ceux

de l'aide à la personne font partis des plus exposés. Il n'est pas nécessaire de rencontrer une difficulté dans sa vie privée pour que cela soit le facteur déclenchant et le burn-out vous attend au tournant dès que les frustrations quotidiennes n'ont pas été régulièrement évacuées.

Au-delà de ces facteurs intrinsèques au travail, la personnalité de chacun joue un rôle important, on pourrait même dire primordial.

Comme il a déjà été dit, les personnes affectées sont très investies et se sentent concernées par leur métier. En étant exigeantes avec elles-mêmes, elles courent le risque de vouloir trop en faire et d'être à bout de forces.

La personnalité de l'individu est donc cruciale et nous n'avons pas tous la même immunité en la matière, certains présentant un terrain plus propice que d'autres. Les personnalités ne maîtrisant pas leur stress sont les plus touchées.

La maîtrise des émotions joue, là encore, un grand rôle et il peut encore être distingué deux catégories de personnes, celles ayant un lien de maîtrise externe et celles possédant un lien de maîtrise interne.

Les premières attribuent souvent les situations qu'elles peuvent rencontrer au hasard ; elles estiment qu'elles n'ont pas beaucoup de contrôle sur les événements de sorte qu'en cas d'échec, elles considèrent que ce n'est pas de leur faute.

Leur culpabilité est donc réduite car les raisons de leurs échecs sont à rechercher ailleurs que dans leurs actions.

À l'inverse, celles en lien de maîtrise interne ont tendance à s'attribuer la responsabilité d'un fiasco, l'échec n'est pas de la faute des autres, mais est à rechercher dans leurs propres défaillances ou leurs incompétences. Il va donc de soi qu'elles subissent un choc émotionnel important et dévastateur.

Comme il existe un profil prédominant de personnalités impactées, il existe principalement deux types de burn-out.

La première catégorie correspond aux personnes qui veulent faire plaisir à tout le monde, fidèle à l'éducation reçue, comme mon jeune client.

La seconde catégorie est celle correspondant au profil de personnes qui peuvent être qualifiées de perfectionnistes et qui pensent que nul ne peut les égaler dans la qualité des tâches à réaliser.

Le problème est malheureusement que le perfectionnisme bride l'individu et l'empêche de vivre.

Le perfectionniste n'est pas heureux au travail car il place la barre trop haut mais en se comportant ainsi, il s'épuise, se consume de l'intérieur et est souvent, qui plus est exécrable avec les autres, voir harcelant.

Il ne faut surtout pas confondre le burn-out avec une dépression. Il est aujourd'hui reconnu par l'ensemble des psychiatres que ce syndrome constitue un état distinct défini par ces professionnels comme une situation d'extrême épuisement par lequel une personne a trop longtemps réagi d'une façon fondamentalement contraire à sa nature ou sa personnalité. Quant aux symptômes, ils sont souvent proches de ceux de la dépression mais avec cependant des spécificités. Dans les deux cas, il existe des troubles du sommeil et une certaine bipolarité.

La dépression peut être provoquée par diverses situations difficiles de la vie, alors que le burn-out découle d'une surcharge au travail et, dans les cas les plus sérieux, il peut induire une dépression.

Plus spécifiquement, trois catégories de symptômes comportementaux peuvent être constatées : psychiques et physiques.

Les troubles comportementaux sont souvent les suivants :
    – Isolement
    – Irritation
    – Addictions

- Pertes de concentration
- Épisodes de folie

Les troubles psychiques les plus fréquents sont quant à eux les suivants :
  - Insomnie
  - Épuisement moral
  - Stress permanent
  - Troubles de la mémoire
  - Pensées négatives

Quant aux symptômes physiques, ils sont les suivants :
  - Fatigue intense
  - Douleurs physiques
  - Diminution de l'appétit
  - Troubles digestifs
  - Moindre résistance à la maladie par affaiblissement du système immunitaire
  - Troubles de la respiration
  - Palpitations

Le burn-out est un concept récent et le terme a été employé pour la première fois en 1974 par le psychiatre américain Herbert FREUDENBERGER dans un article : "Staff burnout", le définissant alors comme une « brûlure interne ».

Suzanne Peters, coach, et Patrick MESTER, neuropsychiatre, estiment dans leur ouvrage "Vaincre l'épuisement professionnel" publié chez Robert Lafont que « 5 % des salariés seraient en burn-out moyen, 16 % seraient à risque et entre 4 et 7 % en burn-out complet ».

Le législateur l'a compris en votant une loi sur le droit à la déconnexion, mais celle-ci ne change rien car l'influence de l'outil sur nos vies est trop forte et il est extrêmement difficile de s'en détacher.

Pourtant cette loi pose le principe suivant : selon l'article L2242-8 du code du travail les entreprises doivent agir pour assurer «les modalités du plein exercice par le salarié de son droit à la déconnexion et la mise en place par l'entreprise de dispositifs de régulation de l'utilisation des outils numériques, en vue d'assurer le respect des temps de repos et de congé ainsi que de la vie personnelle et familiale ».

Sur la base de ce texte, les tribunaux condamnent les employeurs qui imposent à leurs salariés de rester connecter à leur messagerie professionnelle. Il est également possible pour ces derniers de solliciter le paiement d'heures supplémentaires s'ils peuvent démontrer qu'il leur a été imposé de rester connectés en dehors de leur temps contractuel de travail.

D'autre part, la loi impose, à défaut d'accord avec les syndicats représentatifs ou en leur absence, l'élaboration d'une charte définissant les modalités du droit à la déconnexion, prévoyant la mise en œuvre d'actions de formations et de sensibilisation à un usage raisonnable des outils numériques.

Cependant je pense que pour être réellement efficace cette loi devrait aller beaucoup plus loin et élever le droit à la déconnexion au rang d'un nouveau droit de l'Homme. Ce serait alors un signal fort qui permettrait à chacun d'entre nous de rééquilibrer la lutte avec les outils numériques car ceux-ci rendent de plus en plus d'utilisateurs nomophobes, c'est-à-dire ayant une peur pathologique d'être éloignés de leur smartphone.

Néanmoins, comme en matière de harcèlement moral au travail, certains employeurs précurseurs en la matière, ont bien compris que l'hyperconnexion faisait courir un risque en l'entreprise en portant atteinte à la sécurité des salariés.

C'est ainsi que de grands groupes comme Volkswagen ont décidé de bloquer leurs serveurs aux heures non-travaillées pour empêcher à leurs salariés d'accéder à leurs mails.

Les dirigeants d'entreprises qui réagissent de la sorte ont tout compris ! Ils ont en tout cas perçu que le maintien de la compétitivité de leur entreprise passe par ces interdictions salutaires car comme je l'ai rappelé, le trop-plein numérique tend à diminuer les capacités cognitives.

Ainsi si vous ne débranchez pas, vous avez de grandes chances de mourir idiot et d'être passé à côté de votre vie.

Certaines personnes, quant à elles, ne passent pas à côté de leur vie, mais plus dramatique, peuvent en être purement et simplement privées en commettant l'irréparable : mettre fin à leurs jours.

Le harcèlement via internet, mails ou réseaux sociaux, devient de plus en plus préoccupant. Certaines personnes ont dans leur main une arme qu'ils utilisent non pas pour se défendre mais pour tuer.

Comme nos émotions sont de moins en moins maîtrisées, un permis de tuer en main provoque de plus en plus de drames la chasse étant ouverte et facilité par l'outil devenu arme de destruction massive.

Le harcèlement en ligne, ou cyberharcèlement, est devenu un sport international aux conséquences dramatiques pour tous ceux qui y sont confrontés.

Certes, le législateur est intervenu, mais les criminels souvent difficiles à débusquer pour pouvoir être traduits devant les tribunaux.

Les pros de l'informatique ont toujours plusieurs longueurs d'avance sur leurs poursuivants, mais il ne faut pas se décourager et se résigner à devoir subir.

Il faut donc poursuivre sans relâche les délinquants du web grâce à l'arsenal juridique mis à disposition de tous ceux qui subissent de la cyberintimidation.

Nos enfants sont les plus exposés car ils sont les plus gros utilisateurs des outils numériques d'une part, et sont, d'autre part, les plus vulnérables en n'ayant pas les mêmes capacités de résistance qu'un adulte.

Il faut donc leur donner les informations sur les outils qui s'offrent à eux d'un point de vue juridique pour réagir aux comportements déviants et délictueux de certains utilisateurs des outils.

Précisément l'article 222-33-2-2 du Code pénal défini, depuis la loi du 4 août 2014 le cyberharcèlement, comme suit : « Le fait de harceler une personne par des propos ou comportements répétés ayant pour objet ou pour effet une dégradation de ses conditions de vie se traduisant par une altération de sa santé physique ou mentale est puni d'un an d'emprisonnement et 15 000 £ d'amende lorsque ces faits ont causé une incapacité totale de travail inférieure ou égale à huit jours ou n'ont entraîné aucune incapacité de travail ».

« Les faits mentionnés au premier alinéa sont punis de deux ans d'emprisonnement et de 30 000 £ d'amende :

– Lorsqu'ils ont causé une incapacité de travail supérieure à huit jours ;

– Lorsqu'ils ont été commis sur un mineur de 15 ans ;

– Lorsqu'ils ont été commis sur une personne dont la particulière vulnérabilité, due à son âge, à une maladie, à une infirmité, à une déficience physique ou psychique ou un état de grossesse, est apparente ou connue de leur auteur ;

– Lorsqu'ils ont été commis par l'utilisation d'un service de communication au public en ligne.

Les faits mentionnés au premier alinéa sont punis de trois ans d'emprisonnement et de

45 000 £ d'amende lorsqu'ils sont commis dans deux des circonstances mentionnées aux 1° à 4° ».

Au-delà de ce texte, récemment, une loi complémentaire a été introduite visant le délit de « cyberharcèlement groupé ».

Dorénavant, « le fait de harceler une personne par des propos ou comportements répétés ayant pour objet ou pour effet une dégradation de ses conditions de vie se traduisant par une dégradation de sa santé physique ou mentale » est passible de deux ans de prison et de 30 000 £ d'amende, dès lors que cette infraction est commise par le biais « d'un service de communication au public en ligne » tel internet.

Ainsi et désormais, même si vous n'avez participé à du cyberharcèlement qu'avec quelques tweets, ou quelques messages sur des forums, vous risquez des poursuites. Les propos en cause peuvent être des commentaires d'internautes, des vidéos, des montages d'images, des messages sur des forums...

Le harcèlement est puni que les messages soient publics ou privés.

Les responsables seront en premier lieu les auteurs, mais les hébergeurs et les fournisseurs peuvent aussi être poursuivis s'ils ont eu connaissance des publications et s'ils n'ont pas agi rapidement pour faire retirer les messages.

Les outils sont donc vecteurs de beaucoup de souffrances car véritablement utilisés trop souvent à mauvais escient et malheureusement si les mauvais utilisateurs peuvent, l'espace d'une heure, se retrouver devant les tribunaux, leurs victimes, elles, sont souvent marquées à vie...

Au-delà du cyberharcèlement entraînant des familles entières dans le désarroi, l'hyper-sollicitation accentuée par les outils numériques n'arrange pas non plus, loin s'en faut, les choses.

Elle ne permet pas la régénérescence du cerveau alors qu'il a été démontré qu'il consomme plus de trois quarts de son énergie au repos. Ce sont donc les moments où nous sommes le moins sollicités qui sont les plus propices aux traitements des informations. Il faut donc savoir rêver, méditer et réussir à se détendre au travail pour être au top alors que les outils nous en empêchent de plus en plus.

Je rêve donc d'un monde dans lequel l'homme aura compris que la recherche de la performance, la course à la productivité ne doivent pas passer par des outils dont l'utilisation nous bride et nous nuit plus qu'elle ne nous aide.

La dégradation des relations humaines

Il est indéniable que les outils technologiques qui accompagnent désormais notre quotidien ne favorisent pas les liens interpersonnels.

Plus exactement, ces liens s'ils existent quand même, ne sont pas aussi forts que ceux d'antan qui se créaient grâce à la rencontre physique de deux êtres.

Ce qui a changé réside dans les modalités des rencontres et leurs portées. La rencontre qui s'effectuait naguère au travail, dans le proche voisinage, ou bien encore sur les bancs de l'école, se fait maintenant en un clic, souvent autour d'une application et souvent à des milliers de kilomètres de distance.

La rencontre, s'il est évident qu'elle est facilitée, est cependant moins forte en émotions que pouvait l'être celle beaucoup plus difficile à organiser.

D'ailleurs il peut être vérifié, dans la vie, qu'une chose obtenue sans effort est source de moins de satisfactions par rapport à celle obtenue à force d'acharnement.

L'effort s'inscrit durablement dans la mémoire. Pour bien comprendre, utilisons l'exemple du GPS.

La facilité avec laquelle nous allons d'un point à un autre est déconcertante, mais tout aussi déconcertant est la perte du sens de l'orientation chez les plus jeunes d'entre nous ayant toujours utilisé l'outil.

À force de se laisser passivement guider, là encore, l'effet est destructeur sur notre cerveau.

Des chercheurs ont comparé le fonctionnement de l'hippocampe et du cortex préfrontal, responsables de l'orientation, dans deux cas de figure : lorsqu'on se dirige dans un quartier inconnu sans GPS et quand on se dirige dans ce quartier avec l'outil.

Le constat est sans appel, quand on rentre dans une nouvelle rue sans outil, on la case dans un plan qu'on s'est fait dans la tête et on repère tous les détails au cas où ceux-ci pourraient nous servir, comme la forme des bâtiments, le relief, la position des arbres...

Conscient ou non, il est certain qu'on fait ainsi travailler notre cerveau qui, quand le besoin s'en fera ressentir, pourra à nouveau nous guider sans difficultés.

La situation est malheureusement bien différente quand nous nous laissons guider par une voix numérique, nous n'oublions pas la voix mais tous les secrets du trajet.

Or, faire travailler l'hippocampe protège des pertes de mémoire et de la dégénérescence cérébrale.

Notre techno-dépendance nous conduit également à des comportements peu conventionnels. Des études ont en effet également montré que les générations actuelles ont plus de difficultés à se passer de Facebook d'Instagram ou de Twitter que d'être privées de manger ou de faire l'amour.

Surtout, la quantité nuit à la qualité et les liens certes plus nombreux qui se créent sont moins solides et beaucoup plus fragiles tel un géant d'argile.

Ma petite amie, je l'ai rencontrée dans mon village. Nous prenions le bus ensemble pour nous rendre au lycée et les matins étaient tous joyeux rien que de savoir que nous allions marcher ensemble une centaine de mètres en nous prenant la main.

Au-delà de nos rencontres au lycée, nos échanges étaient rendus possible par la correspondance ou le téléphone dont l'accès était sévèrement contrôlé par nos parents respectifs.

Mais Dieu qu'elles étaient belles nos lettres ! Chaque mot y était méticuleusement posé, réfléchis, et pesé. Nous n'étions pas dans l'immédiateté du moment, nos rencontres se faisaient attendre et n'en étaient que plus belles.

Les journées s'écoulaient sans nouvelles de l'autre, bonnes ou mauvaises, dans l'attente du seul et unique appel journalier que nous nous autorisions après avoir patienté une heure à la cabine téléphonique qui réussissait à nous connecter à condition de la remercier d'une pièce de un franc.

L'impossibilité de communiquer sans contraintes nous faisait apprécier encore plus nos tendres moments. Que serions-nous devenus si nous n'avions pas été frustrés ?

Que serions-nous aujourd'hui si nous avions eu en main les outils destructeurs de l'intime et provocateurs ?

Je pense très sincèrement que nous ne serions pas mari et femme et, sans doute, beaucoup moins habiles pour mener la barque de notre vie.

Malheureusement, à cause des outils, nous devons tenir sans cesse le gouvernail pour fixer à nos enfants le cap, le bon, et de plus en plus fermement, dans la tempête techno-numérique.

Mais pourquoi n'auraient-ils pas, eux aussi, le droit au bien-être en sortant de l'emprise du numérique et en lâchant prise ?

Parlons-leur, pour tenter de les convaincre, des bienfaits de la déconnexion et du lâcher prise et mettons-les en garde sur le vol de leur intimité par l'outil.

La perte de l'intimité

L'intimité de l'individu est ce qui est au plus profond de lui-même, ce qu'il est censé ne confier à personne qu'à lui-même, dans son for intérieur.

Sans cet espace individuel et personnel de pensées, rêves et croyances et qui fait que nous sommes tous uniques, c'est comme si une partie de nous s'évaporait dans la souffrance.

Comme nous avons besoin de dormir, boire et manger, nous avons aussi besoin d'avoir dans le coin de nos têtes une boîte privée dont la clef n'est détenue que par nous et que nous ne devons jamais confier à n'importe qui.

L'intimité concerne donc l'individu et son intériorité, mais également tout ce qu'il peut construire autour de lui et notamment sa famille.

Elle crée un lien fort et privilégié avec les proches que l'on qualifie d'ailleurs d'intimes. Pour pouvoir en faire preuve, il faut avoir une conscience de soi et c'est ce qui oppose l'homo sapiens au règne animal.

Cette conscience, le bébé, par exemple, ne l'a pas encore car il ne survit qu'au travers de la relation qu'il a avec ses pères et mères ; mais le jeune enfant ou l'adolescent l'ont bien acquis, évidemment.

C'est à l'adolescence, précisément quand nos enfants sont accros aux nouvelles technologies, qu'ils ont de plus en plus conscience et besoin d'intimité.

Ils se font cependant déposséder de celle-ci, parfois, sans même s'en rendre compte à cause de l'outil.

Les conduites à risques de nos ados (drogue, fréquentations douteuses...) ont leur place dans leur conquête d'intimité et de personnalité. Il faut cependant survivre à ces excès et les outils décuplent les risques.

Nos enfants peuvent, en un clic, faire de mauvaises rencontres, ils peuvent commercer et pas seulement pour vendre des cacahuètes...

Leur intimité quant à elle est exposée aux regards de tous avec toutes les dérives que cela peut entraîner en termes de responsabilité, mais aussi de souffrances, elle doit être protégée, il faut leur expliquer.

L'intimité est également un droit, là aussi, de plus en plus bafoué par les personnes qui n'utilisent pas l'outil à bon escient.

Le Code civil, en son article 9 précise : « chacun à droit au respect de sa vie privée.

Les juges peuvent, sans préjudices de la réparation du dommage subit, prescrire toutes mesures, telles que séquestre, saisies et autres, propres à empêcher ou faire cesser une atteinte à l'intimité de la vie privée : ces mesures peuvent, s'il y a urgence, être ordonnées en référé. »

De là à faire des procédures pour saisir les outils numériques facilitateurs des atteintes à l'intimité de la vie privée, il n'y a qu'un pas, et il faudrait peut-être le faire.

Alors lâchons prise !

Au sens propre, comme au figuré, cessons de brancher l'outil car il nous fera, si nous n'y prenons garde, disjoncter.

Lâchons l'outil et même s'il nous rappelle à l'ordre ne le laissons pas nous émouvoir quand il nous dit : « batterie faible mode économie d'énergie » et laissons-le au contraire mourir par manque d'énergie.

La pénurie d'énergie d'un côté nous rendra la nôtre et, avec un peu de volonté, nous nous apercevrons très vite des bienfaits du lâcher prise. Le lâcher prise va nous permettre de vivre pleinement le moment présent tel qu'il se présente.

Il va aussi nous permettre d'évacuer de notre tête les nombreux soucis et tracas du quotidien qui, comme nous l'avons vu, passent du statut de difficultés à problèmes s'ils ne sont pas évacués dans les quinze jours suivant leur apparition.

Cela va nous demander un effort important, comparable à celui pour sortir de l'emprise de quelqu'un ou d'une addiction ; mais la récompense en termes de qualité de vie vaut la peine d'essayer.

Il va donc falloir, dans un premier temps, accepter de ne pas vouloir à tout prix tout contrôler autour de nous car l'hyperactivité est source de stress.

Il va ensuite falloir apprendre à relativiser la portée de nos pensées négatives pour évacuer toute source d'angoisse.

Si vous ne rebranchez pas, vous serez alors récompensé en pouvant enfin vivre pleinement votre vie et avec le sentiment retrouvé que vous seul la dirigez.

Ne pas vouloir tout contrôler et relativiser les choses ne signifie pas pour autant que vous allez devoir vous résigner, mais simplement admettre que les choses sont ce qu'elles sont et que vous n'y pouviez rien dans leur genèse.

Pour ce faire, retenez bien l'adage suivant : à l'impossible nul n'est tenu.

Il ne faut cependant pas analyser cet adage comme vous autorisant à baisser les bras devant une situation qui vous échappe, mais commencer par vous dire que vous ne pouvez pas tout contrôler.

Ensuite, rien ne vous empêche de tenter d'influencer dans le bon sens le cours des choses et si vous ne réussissez pas vous n'éprouverez aucune culpabilité car vous aurez d'emblée relativisé.

C'est cette conscience que vous ne pouvez pas tout faire et tout diriger ou contrôler qui devrait vous permettre d'avancer plus sereinement et plus efficacement précisément parce que vous mettez de côté les choses sur lesquelles vous bloquiez.

Le temps est précieux et si vous réussissez à le reprendre en main en ne vous laissant plus diriger par l'outil, votre esprit ne sera plus accaparé par des futilités. C'est l'un des premiers secrets pour lâcher prise. La seconde chose à faire pour lâcher prise consiste à s'attacher si possible à valoriser ce qui est de l'essence même des relations humaines, c'est-à-dire les multiples petits morceaux de la vie, pour transformer l'énergie négative en énergie positive.

Il faut donc penser à ce sur quoi il nous est possible d'agir ou d'influer, plutôt que de ruminer sur nos angoisses.

En cas de réussite, les bienfaits sur votre vie de tous les jours seront immenses :
  - Esprit serein et apaisé
  - Plus de stress
  - La confiance en soi retrouvée
  - Esprit plus ouvert aux autres
  - Relations sociales meilleures

La charge mentale dans nos vies ne cesse de progresser. Nous sommes de plus en plus sollicités et les notifications sont là pour nous le rappeler.

Nous sommes également de plus en plus pressés, ne serait-ce qu'à cause de cette stupidité absolue nous ayant été inculquée par nos politiques et économistes à leurs bottes, suivant laquelle la croissance serait la solution à tous nos problèmes car elle générerait de la richesse elle-même productrice d'emplois...

L'univers est infini, mais notre monde lui est fini. Parler de croissance par l'exploitation de toujours plus de matières premières n'a pas de sens.

L'outil est, au demeurant, grand consommateur de richesses naturelles, il est une charge pour notre planète et nos esprits.

Cessons donc de courir partout dans une course à la productivité perdue d'avance, et concentrons-nous sur ce qui doit être notre priorité absolue, la recherche de la paix intérieure.

Précisément, quand l'on cesse de courir partout pour tenter de tout gérer et tout contrôler, la recherche de la paix intérieure est facilitée.

De la même façon quand nous cessons d'être obnubilés par nos propres préoccupations, le repli sur soi devient la règle et nous nous éloignons du monde qui nous entoure et de sa réalité.

Ceci arrange d'ailleurs peut-être nos gouvernants car la fin du repli sur soi ferait sans doute que des milliers d'entre nous se retrouveraient dans la rue pour dénoncer le monde tel qu'il est.

De là à dire que l'outil est bien perçu par les pouvoirs en place, il y a un pas que je franchis bien volontiers.

L'outil est un gourou, un hypnotiseur de notre cerveau, il nous façonne comme il le souhaite et nous rend docile. Réagissons et, pour reprendre le contrôle de nous-mêmes, débranchons.

Si nous réussissons, le stress aura perdu la bataille et notre santé mentale et physique sera retrouvée. Même vos performances au travail seront améliorées grâce à un corps apaisé et détendu.

Vouloir que tout soit parfait autour de soi témoigne également d'un manque de confiance en soi et d'estime, mais en lâchant prise vous percevez les choses d'une autre façon et, peu à peu, vous reprendrez confiance en vous et le chemin du succès puisque estime de soi et succès sont indissociables.

Enfin avec le lâcher prise, vos relations sociales seront améliorées tout comme celles avec vos proches. Le lâcher prise permet, en effet, de voir l'autre tel qu'il est et non pas comme on voudrait qu'il soit.

C'est cette sorte de recul ou de détachement qui va vous permettre d'avoir de l'indulgence vis-à-vis des autres et de ne plus être aveuglé par leurs défauts qui ne vous permettaient plus de déceler ce qu'ils avaient de bien en eux et leurs véritables atouts.

Vos relations seront donc apaisées et ainsi les conflits réduits dans de notables proportions. Vous serez ainsi sur la bonne voie, sur le chemin du bonheur...

Destination bonheur

S'ils ont débarqué sur la planète, il ne tient qu'à nous de les vaincre et retrouver le contrôle de notre vie. Mais encore faut-il savoir ce que signifie vivre !

Vivre, c'est admirer ce qui nous entoure, respirer, sentir, toucher... c'est-à-dire utiliser tous les sens dont nous sommes dotés.

Vivre c'est penser, avoir conscience de soi et des autres et se dire que nous sommes tous liés avec le vivant dans l'univers.

Vivre c'est donc privilégier le vivant et respecter tout être humain, animal, ou végétal.

C'est encore se dire au quotidien que nous avons un destin commun qui passe par le respect, la compassion et la compréhension de tout ce qui nous entoure.

Vivre n'est donc pas remettre nos destins entre les mains d'autrui ou, plus grave, s'en remettre à l'outil qui, n'étant lui-même pas vivant, ne peut pas comprendre, consoler ou pardonner puisqu'il est dépourvu de toute intelligence émotionnelle.

Il faut donc se détacher de l'outil pour se recentrer sur ce qui fait notre humanité : la relation. Mais attention, pas n'importe laquelle, la vraie et pas celle, artificielle, des réseaux qui n'ont de sociaux que leur nom.

La base de la relation solide commence par l'empathie, en faire preuve facilitera toujours le contact qui permettra au courant de passer.

À l'inverse, ne pas en avoir entraînera très vite une interruption de l'alimentation en électricité positive.

Cette relation doit être partagée car si elle ne l'est pas, elle risque de vous vider toute l'énergie qui vous est nécessaire pour donner le meilleur de vous-même et faire parler vos émotions.

Votre langage doit, par ailleurs, être en adéquation avec les expressions que laissent transparaître votre visage. Là encore, une inadéquation des deux trahirait son auteur sur la sincérité de ses propos et de son aide éventuelle qui doit être totalement désintéressée pour avoir une réelle portée.

La relation ne doit pas être, en effet, polluée par la manipulation dont les effets à long terme sont dévastateurs pour la personne qui devient elle-même objet utilisé pour servir une seule cause, celle du manipulateur.

La relation c'est donc un rapport à l'autre particulier, partagé et plein d'émotions.

Après avoir débuté grâce à l'empathie, la relation se poursuit par la complicité, c'est-à-dire le partage sans rien attendre en retour.

Être complice, c'est être cousu dans le même sac que son interlocuteur pour partager tout ce que contient le sac : les bonnes, comme les moins bonnes choses.

C'est également soutenir l'autre, sans jamais se défiler ou renier ce qui a été partagé. Le partage est donc capital dans toute relation, sans don de soi, il n'y a pas de relation solide.

Pour bien comprendre, il n'existe pas de plus belle relation que celle unissant les membres d'une même famille guidée dans la jungle de la vie par des valeurs communes : l'entraide, le soutien, la compréhension, la tendresse et l'amour.

Quand ces valeurs ne sont plus partagées, la famille part en vrille, de sorte que pour l'éviter, il faut sans cesse entretenir la relation en l'alimentant.

Ce n'est pas toujours simple, mais la vie est un combat quotidien et pour gagner la bataille, il faut utiliser une arme d'amour massif : le partage des bons et des moins bons moments en surmontant ces derniers et en se serrant les coudes.

Il faut également se dire que le bonheur n'est pas la vie d'un long fleuve tranquille ; la vie peut naviguer en eaux calmes et parfois tumultueuses mais, dans l'adversité et la tempête, il ne faut jamais abandonner au risque d'échouer.

Le bonheur c'est donc apprendre à naviguer en toutes circonstances sous le soleil ou sous l'orage. La capacité de l'individu à surmonter les obstacles qui se dressent devant lui fera de lui un bon marin de vie et un capitaine aguerri pour conduire les siens.

Certes tout ceci est plus simple à dire qu'à faire, ce d'autant que nous vivons dans un monde cruel et dont la dangerosité, comme nous l'avons vu, est aggravée par l'utilisation de l'outil qui est habile à nous faire dévier du bon cap.

Commençons donc tout simplement par alerter les utilisateurs et leur faire comprendre que dans la quête du bonheur, ils doivent commencer par déconnecter pour, si possible, méditer.

En effet, là encore la méditation est incontestablement vertueuse dans la recherche du bonheur.

Je suis en congé et si je suis parti avec ma troisième main, au fil des jours, j'ai réussi à oublier que j'en étais doté.

Sans elle, je peux utiliser les mains avec lesquelles je suis né, celles que la vie m'a données pour construire et, si possible, accomplir de belles choses.

La maîtrise d'œuvre est assurée par mon cerveau qui donne à mes mains des instructions très précises pour accomplir ce que je pense être bon ou bien.

Ce que je construis est qualitatif car je ne suis plus perturbé par la main qu'ils m'avaient greffée. Je touche, je perçois différemment ce qui m'entoure et mon attention pour les autres se rallume paradoxalement quand ma main fantôme s'est éteinte.

Je retrouve un esprit libre me permettant de l'utiliser à d'autres fins que numériques. Je vais enfin pouvoir méditer...

Méditer, c'est se sentir respirer, libérer ses sens de toutes contraintes pour se souvenir qu'ils existent.

Je m'installe confortablement sur une simple chaise, à l'extérieur, en pleine nature et je laisse parler mes sens. Je regarde autour de moi et une foule de choses auxquelles je ne prêtais jusqu'alors peu d'attention m'émerveille.

Je commence avec les yeux et la nature qui m'entoure mérite que je m'y attarde. Cet arbre majestueux qui trône devant moi, me nargue du haut de ses cent cinquante ans, sans un mot, il sait me rappeler qu'il était là avant moi et qu'il sera toujours là après moi, alors respect...

Son écorce est certes rugueuse et porte les stigmates des années, mais Dieu qu'il est fort et, en tout cas, plus que moi qui, du seul fait de ma condition humaine, pensais lui être supérieur.

Il n'a besoin d'aucun artifice pour paraître car il est, lui, dans l'être sans se poser de question sur le qu'en dira t-on.

Les outils pour grandir il n'en a aucun et quand l'un s'approche de trop près c'est malheureusement pour lui couper le tronc. Les outils, il les craint, et il n'en a pas besoin pour vivre.

Il vit en harmonie avec la nature qui l'entoure, végétaux et animaux et faisant preuve de générosité, certaine fois, leur offre le gîte et le couvert. Sans doute pour être encore plus beau, il se drape parfois d'un boa de lierre ou d'une cravate de lichen.

Pour supporter le froid ou la chaleur, il sait s'économiser et est finalement autonome en faisant exclusivement avec ce que sa complice, dame nature, lui apporte.

Comme il est généreux, il invite en son domaine tous les êtres vivants de bonne volonté qui sauront le respecter ou l'aider à élever ses enfants.

Il sait, en effet que seul, il n'est rien et qu'il ne donnera pas de descendance sans l'aide des insectes ou des oiseaux.

Alors, oui il les aime car lui, soi-disant doté d'aucune intelligence, il connaît mieux que moi les choses de la vie car il sait ce que l'humain a oublié, vivre en parfaite symbiose avec ceux qui l'entourent. Je suis finalement à ses côtés peu de choses !

Je passe ensuite au sens de l'odorat et comme pour vérifier si je ne l'ai pas perdu, l'organe dont je suis pourvu se met à humer par-ci par-là.

Comme je vis trop souvent en surrégime, je respire mais je ne sens plus ma respiration et je la traite finalement bien mal alors qu'elle m'est vitale. Je vais donc la récompenser en l'autorisant à sentir.

Tous les végétaux sont odorants et comme Sa Majesté l'arbre, ils utilisent à bon escient ce dont la nature les a également pourvus souvent par nécessité.

Cette fleur jaune dont je ne connais le nom, dégage un parfum acidulé. Je me plais à croire que c'est sa façon à elle de communiquer.

Moi qui pensais que seul l'homme pouvait échanger, je reçois, une nouvelle foi, une leçon d'humilité.

J'ai presque envie de remercier cette fleur qui me rappelle, au passage, ma jeunesse et les vacances que je passais à la campagne, confié à la garde de mes grands-parents.

Quant au nom de cette fleur, c'est son odeur qui me l'a donné, car je me suis alors souvenu des bons moments passés chez mes grands-parents qui m'avaient dit : regarde cette fleur, elle brille comme de l'or, c'est un bouton d'or.

Pour finir, je passe au sens de l'ouïe, les oiseaux chantent et doivent, eux aussi, communiquer à leur façon.

Leurs chants sont tous différents, attachés à chaque espèce, et j'en ai même un qui me fait "coucou" mais qui est interrompu dans sa tentative d'entrer en communication avec moi par un grondement annonciateur de pluie.

Soudain, le ciel s'assombrit et, alors que le pire était à craindre, des éclairs se mettent à m'offrir un spectacle grandiose interrompu par les cliquetis des gouttes d'eau sur le sol encore chaud faisant remonter l'odeur moite qui annonce l'été et d'autres merveilleuses journées en perspective.

Je venais de méditer sur ma chaise, mais il était désormais grand temps de rentrer, l'esprit et le corps apaisé, sans l'aide d'aucun artifice si ce n'est celui de soi-même.

La méditation est donc un exercice très important pour trouver la route du bonheur et cet exemple doit vous permettre de mieux en comprendre les mécanismes.

Méditer, c'est s'ouvrir à l'expérience de l'instant présent. Tout homme a un passé, un présent, et un futur et il en a besoin.

Cependant, l'homme a tendance à ne plus vivre l'instant présent comme il le devrait car il est trop souvent déconcentré, avec l'esprit accaparé par de multiples sollicitations.

C'est pourtant à l'instant présent qu'il faut donner du sens et de l'espace pour exister, il faut en avoir conscience et c'est précisément la base de "la pleine conscience".

Cette conscience du moment présent va permettre à tout individu d'apprécier enfin comme il se doit les moments agréables et de répondre de façon juste à ce qui est douloureux ou source de colère.

De nombreux psychiatres utilisent la méditation pour prévenir les problèmes d'anxiété ou de dépression.

Elle ne remplace pas les soins médicaux quand ils sont nécessaires, mais elle a sa place pour éviter d'y avoir un jour recours, ou de replonger dans des problèmes.

Quand l'être humain maîtrise les techniques de pleine conscience de méditation, il a pu être prouvé qu'il a moins tendance à se faire piéger par ses émotions négatives telle la tristesse.

La personne prendra, en effet, l'événement avec un certain recul, pour ce qu'il est et pas pour ce qu'elle imagine qu'il représente ou qu'il va lui attirer comme ennuis.

Dans le cadre de la pleine conscience, il existe trois grandes familles d'exercices.

La première famille englobe des pratiques ou l'individu va prendre conscience de son corps, de sa respiration, des sons qui l'entourent, c'est-à-dire rester dans l'instant présent plutôt que de partir dans les pensées.

Cette première famille d'exercices prend du temps et il n'est donc pas possible de les faire à n'importe quel moment de la journée.

Vous pouvez ainsi vous installer confortablement sur une chaise ou un tapis et opter pour la position du lotus ou du tailleur.

Votre posture doit en tout cas trouver le bon équilibre car celui du corps favorisera celui de l'esprit. Vous devez maintenir votre dos droit et quelle que soit votre posture vous sentir bien.

Vos yeux sont ouverts ou fermés, cela importe peu, mais laissez-les se poser. Consacrez-vous ensuite à l'instant présent en observant ce qui vous entoure, sans nécessairement faire le vide dans votre esprit, mais plutôt en laissant passer vos pensées sans vous y attarder.

Vous pourrez ainsi réussir à mobiliser votre concentration sur deux types de sensations, celles intérieures et celles extérieures.

Les premières vont correspondre à vos pensées, vos sentiments, vos angoisses, laissez-les franchir la porte de votre esprit et laissez-les tranquillement repartir sans les juger.

Les sensations extérieures vont, quant à elles, correspondre à celles que vous apporte votre corps grâce à vos sens (ouïe, odorat, goût, toucher). Là encore, laissez venir ces sensations et laissez-les aller sans les juger.

La seconde famille d'exercices regroupe ceux qui peuvent être réalisés dans des moments plus brefs de la journée, comme en attendant chez son avocat, son médecin, ou son dentiste plutôt que de consacrer ce temps d'attente à l'envoi de SMS ou à la lecture de "Voici".

Dans ces moments, l'on peut par exemple se rendre présent à notre manière de respirer ou bien encore procéder au scanner de son corps, passant alors en revue toutes les parties de son corps.

Vous pouvez aussi, lorsque vos pensées vous assaillent et que vous êtes submergé par vos émotions, ne réussissant plus à les maîtriser, commencer par ne pas vous juger ou à ne pas culpabiliser.

Vous pouvez ensuite les laisser s'enfuir pour vous consacrer à l'instant présent en accrochant votre attention sur ce qui vous entoure.

Enfin la troisième famille d'exercices regroupe ceux qui peuvent être qualifiés d'exercices en action, c'est-à-dire où l'on ne fait que ce à quoi l'on se consacre principalement.

On peut citer ici l'exemple du repas où l'on ne fait que manger, sans se laisser distraire par la télévision, regarder en même temps son journal, ou écouter de la musique pour être centré exclusivement sur l'acte de manger.

Ces exercices finalement très simples vont nous permettre d'être beaucoup plus présent et ainsi de muscler nos capacités de présence et d'attention.

En musclant ses capacités d'attention au présent, l'individu sera plus présent au travail, dans les réunions et plus à l'écoute des autres.

L'idéal pour progresser et de ressentir tous les effets bénéfiques de la méditation est d'y consacrer environ dix minutes par jour, ce qui ne représente quasiment rien par rapport aux sollicitations qui nous submergent.

Alors essayez ! Vous n'avez rien à perdre si ce n'est dix minutes et ne laissez bien évidemment pas dans votre poche ou à proximité votre troisième main. Si vous n'êtes toujours pas convaincu sachez aussi que le secret du bonheur se cache dans certaines hormones et les neurotransmetteurs de notre corps.

Il suffit de stimuler la dopamine, la sérotonine, ou l'ocytocine pour trouver le bonheur. La dopamine est un neurotransmetteur, une molécule biochimique qui permet la communication au sein du système nerveux et, comme la sérotonine ou l'ocytocine, elle influe directement sur le comportement.

Cette molécule se cache derrière nos ressentiments, nos sensations, nos désirs, elle est donc très importante pour l'équilibre de notre organisme.

La libération massive de ces hormones dans notre cerveau nous procure du plaisir, nous sommes plus motivés, plus joyeux, plus fort et plus courageux.

Vous serez donc ravi d'apprendre que des études ont démontré une augmentation de 65 % du taux de la dopamine sécrétée chez ceux qui pratiquent la méditation.

Comme il s'agit cependant d'être complet sur les recettes du bonheur, il faut également savoir que la pratique du yoga est bénéfique, comme boire du thé vert ou bien encore écouter de la musique, prendre un bain de soleil, faire de l'exercice dans le cadre de la pratique d'un sport, manger des glucides ou boire du lait.

Une psychothérapie, quant à elle, peut accroître les niveaux de sérotonine, car elle joue un rôle positif sur notre humeur.

Les tendres câlins sont également recommandés sans modération puisqu'ils font augmenter le taux d'ocytocine. Enfin le rire ne gâche jamais le plaisir en mangeant du chocolat pour reprendre des forces et en se fixant des objectifs à atteindre.

Vous devez cependant être acteur de votre vie, trouver la motivation nécessaire pour mener à bien vos projets et surtout ne jamais vous contenter de parcourir les photographies que vos amis vous envoient sur Instagram car votre cerveau est frustré, il a une image mais ce qu'il demande avant tout ce n'est pas une représentation du bonheur mais une participation au plaisir.

Ce qui est certain, pour en revenir au sujet des outils numériques qui nous occupe, c'est que les personnes heureuses savent débrancher, elles s'aménagent des coupures pour ne pas se laisser submerger par le stress ou envahir par les autres.

C'est donc le retour à soi qui est vecteur de bien-être : la méditation le permet évidemment, mais aussi le rêve ou la pratique d'un art.

Il faut donc habiter pleinement son enveloppe corporelle et spirituelle, se dire que notre maison est en nous et qu'il n'est pas nécessaire de courir sans cesse après le bonheur car il ne se rattrape pas, mais se vit.

Mon jeune client, victime d'un burn-out, a retrouvé la voix du bonheur car il vit sa vie et plus celle que, par procuration, d'autres souhaitaient pour lui. Il est apaisé et en paix avec lui-même.

Quand on est victime d'un coup dur, surmonter sa peine ne signifie pas oublier mais veut dire se recentrer sur soi et ses proches.

En quelques mots, ne plus se lamenter sur son sort, mais rependre de l'intérieur le cours de sa vie qui à tant de belles choses à offrir à ceux qui s'en donnent les moyens.

Ces moyens ne sont pas financiers, mais spirituels, et je ne doute pas qu'en méditant chacun répondra justement à la question de savoir s'il est ou s'il veut être.

Le verdict

En tant qu'avocat, je ne suis pas juge, et il ne m'appartient pas de prononcer une peine. Je me suis donc contenté de défendre les intérêts de ceux qui, comme moi, pensent qu'arrivées à un certain stade de développement, les technologies numériques ont globalement un impact négatif sur notre quotidien.

Chacun se fera sa propre idée, mais en ce qui me concerne, j'accuse.

J'accuse les technologies numériques d'êtres néfastes pour la santé (troubles du sommeil, addictions, affections psychiatriques...)

Je les dénonce, car entre les mains de personnes malveillantes et ne faisant preuve d'aucune retenue, elles permettent tous les excès, générateurs de grandes souffrances.

J'accuse les technologies numériques d'être sources d'injustices, car si les hommes naissent libres et égaux en droit, ils ne le sont pas en numérique. Je les dénonce, car elles déconnectent l'humanité du monde du réel.

J'accuse les technologies numériques de propager à grande échelle et d'amplifier les pires des fléaux : harcèlement, atteinte à l'intimité...

Je les dénonce car elles nous font sortir des limites de vitesse autorisées par notre organisme.

J'accuse les technologies numériques de priver l'homme du tête à tête ou de l'entretien, pourtant à la base de toutes les relations humaines par excellence.

Je les dénonce car elles créent de l'hyper-sollicitation qui entraîne du stress et des pertes de concentration préjudiciables à la qualité de nos prestations.

J'accuse les technologies numériques d'entraîner des troubles de l'attention et du comportement.

Je les dénonce car elles portent globalement atteinte à l'intelligence de l'homme en réduisant sa capacité de réflexion.

J'accuse enfin les technologies numériques de porter un coup fatal à l'idéal de bonheur que chacun d'entre nous est en droit d'attendre.

Alors oui, je pense que vous pouvez entrer en voie de condamnation en étant convaincu, dans votre délibération, que tout compte fait, les arguments plaidant en faveur d'une condamnation sont plus nombreux que ceux qui plaident en faveur d'une relaxe.

Je ne doute pas enfin et encore de votre intelligence mais pour combien de temps ?

En effet : « *je crains le jour ou la technologie dépassera les capacités humaines. Le monde risque alors de voir une génération de parfaits imbéciles* ». (*Albert Einstein*)